FICHE DE LECTURE

DOCUMENT RÉDIGÉ PAR NADÈGE NICOLAS
MAITRE EN LANGUES ET LITTÉRATURES FRANÇAISES ET ROMANES
(UNIVERSITÉ CATHOLIQUE DE LOUVAIN)

La Peau de chagrin

HONORÉ DE BALZAC

lePetitLittéraire.fr

10 % DE RÉDUCTION SUR www.lePetitLittéraire.fr

Rendez-vous sur lePetitLittéraire.fr et découvrez :

- plus de 1200 analyses
- claires et synthétiques
- téléchargeables en 30 secondes
- à imprimer chez soi

Code promo : LPL-PRINT-10

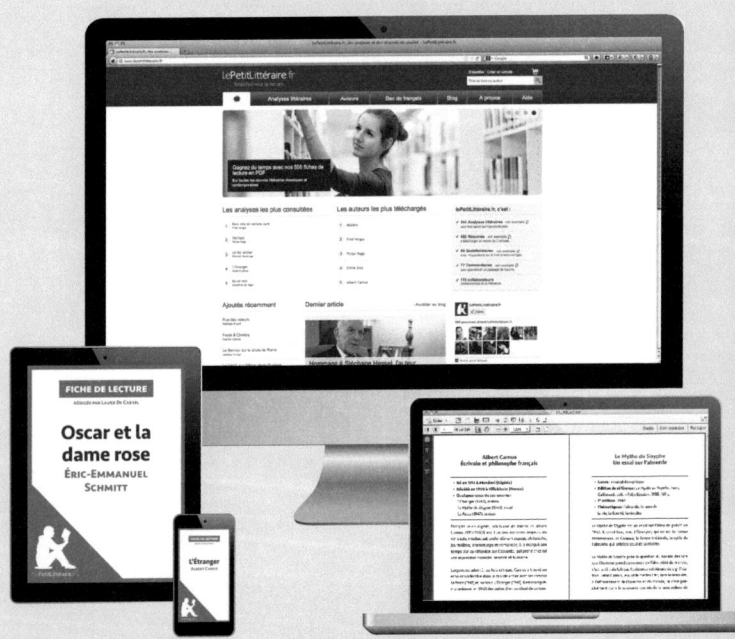

RÉSUMÉ 6

ÉTUDE DES PERSONNAGES 11
Raphaël
Foedora
Pauline
Rastignac
La communauté scientifique

CLÉS DE LECTURE 14
Un roman réaliste, fantastique et philosophique
Le réalisme
Le fantastique
Les réflexions philosophiques
Les thématiques du luxe, des apparences et du jeu

PISTES DE RÉFLEXION 19

POUR ALLER PLUS LOIN 21

Honoré de Balzac
Écrivain français

- **Né en 1799 à Tours**
- **Décédé en 1850 à Paris**
- **Quelques-unes de ses œuvres :**
  Les Chouans (1829), roman
  Eugénie Grandet (1833), roman
  Le Père Goriot (1835), roman

Honoré de Balzac (1799-1850) est l'un des écrivains français majeurs du XIXe siècle. Jeune homme, il s'ouvre les portes des milieux aristocratiques parisiens qu'il ne cessera de fréquenter. Mais des entreprises désastreuses et un train de vie excessif le ruineront rapidement : l'écriture littéraire, pratiquée avec passion et assiduité, deviendra pour lui le seul moyen de rembourser ses dettes.

Ambitieux, il s'attèle à une œuvre monumentale, *La Comédie humaine*, qui compte plus de quatre-vingt-dix romans, et dont le but est de dresser un portrait exhaustif de la société de son temps (pour « faire concurrence à l'état civil »). Parmi ses romans les plus célèbres, on trouve *Eugénie Grandet* (1833) ou *Le Père Goriot* (1835).

Balzac est considéré comme l'un des pères du roman réaliste moderne.

La Peau de chagrin
Un Balzac qui mélange les genres

- **Genre:** roman
- **Édition de référence:** *La Peau de chagrin*, Gallimard, coll. « Folio classique », 2007, 448 p.
- **1ʳᵉ édition:** 1831
- **Thématiques:** jeu, apparence, luxe, pauvreté, souhait, allégorie

La Peau de chagrin parait en 1831. Ce roman se situe dans la deuxième partie de *La Comédie humaine* intitulée « Études philosophiques ». Il relate l'histoire de Raphaël de Valentin, un jeune homme désargenté sur le point de se jeter dans la Seine quand il entre en possession d'une mystérieuse « peau de chagrin ». Celle-ci a le pouvoir de réaliser ses moindres désirs, mais, en contrepartie, Raphaël lui fait don de sa vie: chaque souhait lui coute une part de son existence.

RÉSUMÉ

PREMIÈRE PARTIE – LE TALISMAN

Un jeune homme se rend dans un tripot. À l'entrée, un vieillard lui demande, selon l'usage, de lui remettre son chapeau. Décrit comme « le JEU incarné » (p. 23), ce vieillard prédit la déchéance probable de l'inconnu. Lorsque celui-ci fait son entrée dans la maison de jeu, un sentiment d'épouvante emplit la salle. Après avoir misé et perdu, le joueur anonyme repart et fait le projet de se jeter dans la Seine la nuit même. En attendant son heure, il erre dans Paris et, dépité, il entre dans une boutique d'antiquités. Alors qu'il détaille les bibelots, une apparition soudaine le surprend et l'angoisse ; le jeune homme croit d'abord à un être surnaturel avant de comprendre qu'il s'agit du marchand. Les deux hommes conversent et, alors que son client lui exprime son malheur, le marchand lui présente la plus extraordinaire de ses pièces : une peau de chagrin se présentant sous la forme d'un cuir et dont le grain extrêmement poli réfléchit la lumière de telle sorte que l'objet semble rayonner. Sur cette peau, une sentence en sanscrit indique que celui qui la possèdera verra se réaliser tous ses désirs en échange de sa vie. Le vieux marchand tente de dissuader son interlocuteur de pactiser avec cet objet maléfique, mais en vain. En sortant de la boutique, l'inconnu rencontre des amis et, à partir de ce moment, quitte son anonymat pour devenir Raphaël. Il fait le souhait d'avoir un diner somptueux, de belles femmes et de l'argent; ses amis lui offrent la direction d'un journal et l'emmènent dans un hôtel de la rue Joubert se repaitre de nourriture et de luxure.

DEUXIÈME PARTIE – LA FEMME SANS CŒUR

Raphaël raconte sa vie à son ami Émile. Il lui rapporte sa première expérience du jeu : son père lui avait confié une bourse et il avait misé cet argent à son insu. Par bonheur, il avait gagné et avait pu restituer la bourse intacte à son père. Celui-ci, ayant estimé pouvoir faire confiance à son fils, lui avait alors annoncé qu'il lui verserait régulièrement une somme d'argent pour subvenir à ses besoins. Malheureusement, Raphaël et son père, qui avait vendu ses quelques biens pour aider le jeune homme à rembourser ses dettes, furent ruinés. Son père étant mort peu après, Raphaël s'était retrouvé seul, pauvre et démuni, ne sachant quel comportement adopter en société – notamment vis-à-vis des femmes. Émile se montre d'abord ironique face à ces confidences, mais l'amertume des propos de son ami le rend plus attentif.

Raphaël raconte sa misère et évoque les endroits où il a vécu : dans une mansarde où, seul, il s'appliquait à écrire une *Théorie de la volonté*, puis chez des hôtes, une jeune adolescente, prénommée Pauline, et sa mère. La mère de Pauline n'ayant pas les moyens de payer l'éducation de sa fille, Raphaël lui avait proposé ses services.

Séduit par l'adolescente, Raphaël ne parvient cependant pas à passer outre son mépris pour la pauvreté : ne l'attirent vraiment que les femmes belles et riches. C'est ainsi qu'il tombe sous le charme de la comtesse Foedora que lui présente Rastignac. Celle-ci a la réputation de repousser tous ses prétendants. Raphaël dépense sa maigre fortune pour la séduire. Alors qu'il confie sa détresse et ses soucis financiers à Pauline, cette dernière lui prédit qu'il aimera une femme riche qui le tuera.

Raphaël s'immisce dans la chambre de Foedora pour passer une nuit chez elle à son insu. Caché derrière un rideau, il surprend une conversation entre la comtesse et ses invités ; ceux-ci parlent de lui. Alors que Rastignac le défend, Foedora, quant à elle, s'en moque. Comprenant finalement qu'elle ne tolère sa présence que dans le seul but de servir ses intérêts, Raphaël lui demande de lui accorder une soirée en tête-à-tête, soirée à l'issue de laquelle ils se quittent froidement. Raphaël veut se suicider, mais Rastignac l'en dissuade et lui propose plutôt d'aller jouer. Raphaël, ayant fait le vœu de ne jamais plus entrer dans une maison de jeu, refuse, mais laisse son argent aux bons soins de Rastignac. Celui-ci rentre vainqueur. Le lendemain, Raphaël s'achète des meubles, loue un appartement et se procure des chevaux. Il se plonge alors dans une vie de débauche. Toutefois, s'il s'étourdit, il reste insatisfait. Il fait alors un vœu à la peau de chagrin. Celui-ci se réalise rapidement sous la forme d'un héritage dont il est l'unique bénéficiaire.

TROISIÈME PARTIE – L'AGONIE

Un vieillard se rend chez Raphaël, devenu le marquis de Valentin, mais le valet lui apprend que son maitre ne reçoit personne. Arrive alors Johnatas, l'intendant du marquis, et, surtout, son intermédiaire avec le monde. Le visiteur se présente comme un des anciens professeurs de Raphaël, M. Porriquet. Raphaël finit par accepter de recevoir Porriquet, mais le regrette amèrement : celui-ci est venu lui réclamer une faveur, ce qui oblige Raphaël à faire un vœu et à ainsi réduire la peau de chagrin et sa vie. Le soir, il se rend au spectacle où il retrouve Pauline, devenue une superbe femme. Raphaël, qui s'était juré de ne plus désirer une femme, succombe à son charme, d'autant plus qu'elle est devenue riche. Il fait un nouveau vœu : les amants se marient.

Cependant, ce vœu réduit à nouveau la peau de chagrin et, par la même occasion, sa vie. Il consulte les plus grands scientifiques pour résoudre cette énigme et tenter d'élargir la peau, sans succès. Les médecins, de leur côté, ne peuvent diagnostiquer le mal dont il est atteint. Séjournant aux thermes d'Aix, il est méprisé par les autres pensionnaires. S'ensuit un duel entre Raphaël et l'un d'eux. Grâce à la peau de chagrin, Raphaël en sort vainqueur. Il poursuit sa convalescence dans une ferme, puis finit par rentrer à Paris où il découvre les nombreuses lettres désespérées de Pauline. Mais Raphaël s'isole afin d'empêcher tout désir. Ne voulant pas mourir, il demande au médecin une potion qui le ferait dormir tout le jour – dormir signifiant toujours vivre.

Toutefois, Pauline parvient à s'introduire chez Raphaël qui lui explique le sort dont il est victime. Lui avouant cela, il est pris d'un désir furieux pour elle. Effrayée, elle tente de lui échapper pour préserver la vie de celui qu'elle aime en l'empêchant d'émettre un nouveau souhait, mais Raphaël meurt dans ses bras : la prédiction de Pauline s'est ainsi réalisée.

ÉPILOGUE

Un dialogue s'instaure entre l'auteur et un lecteur autour de Pauline et Foedora, les deux femmes essentielles de la vie de Raphaël. La première, évanescente, éthérée et irréelle, était une allégorie (personnification d'une idée abstraite) du désir et de l'amour. La seconde, s'affichant dans tous les évènements mondains, était, quant à elle, l'allégorie de la société.

ÉTUDE DES PERSONNAGES

RAPHAËL

Personnage principal du roman, Raphaël est, au début du récit, un jeune homme ruiné et désespéré. Méprisant la misère dans laquelle il est contraint de vivre et souffrant de ne pouvoir intégrer la haute société qu'il convoite, il ne voit plus de raison de vivre jusqu'à ce qu'il découvre la peau de chagrin. C'est ainsi qu'il conclut un pacte avec le mystérieux objet : la réalisation de tous ses désirs en échange de sa vie. Raphaël accepte la peau de chagrin à la fois par désespoir et par curiosité. C'est pour lui l'ultime chance de comprendre le sens de la vie : « Votre suicide n'est que retardé », lui dit l'antiquaire. Dès lors, la peau symbolise avant tout la vie. D'ailleurs, à partir du moment où il l'a en sa possession, Raphaël retombe dans la vie réelle, c'est-à-dire la société parisienne des années 1830.

Toute sa vie, Raphaël oscille entre les extrêmes : débauche et privation ; luxe et pauvreté ; assouvissement de tous ses désirs et frustration ; vie et mort. Attiré irrémédiablement vers les uns, angoissé à la simple idée des autres, il est constamment torturé.

FOEDORA

Comtesse d'origine russe, Foedora charme ceux qui croisent son chemin, mais ne succombe à personne. Beauté froide et calculatrice, elle manipule Raphaël afin d'obtenir la protection du duc de Navarreins, parent du jeune homme. De Foedora ne se dégage aucune âme, aucune humanité. Elle reçoit régulièrement, affiche un luxe outrancier et parade dans les lieux mondains. Dans l'épilogue, l'auteur la présente comme une allégorie de la société : « Elle est partout, c'est, si vous voulez, la société. » (p. 375)

PAULINE

C'est la fille de l'hôtesse chez qui séjourne Raphaël. Son père, chef d'escadron de la garde de Napoléon, est porté disparu et sa mère n'a pas les moyens de poursuivre son éducation. C'est aux côtés de Raphaël qu'elle parfait sa formation. Adolescente et pauvre, elle ne peut rivaliser avec Foedora, mais, secrètement, elle veille sur Raphaël en lui versant, à son insu, une part de son salaire jusqu'à son départ.

Lorsque Pauline et Raphaël se retrouvent, elle est devenue riche et élégante. Raphaël s'éprend d'elle et plus rien ne s'interpose entre eux, si ce n'est la peau de chagrin qui pèse sur le destin de l'amant. Quand elle apprend la malédiction qui régit la vie de celui qu'elle aime et comprend qu'elle le mène à la mort, Pauline tente de fuir, mais il est trop tard.

Pauline s'oppose à Foedora par son charme naturel, son amour vrai et solide, son don de soi et son humanité, autant de qualités qui la poussent à renoncer à celui qu'elle aime pour ne pas provoquer sa mort. Femme fatale, au sens propre comme au sens figuré, Pauline symbolise un amour impossible pour Raphaël : soit la pauvreté les sépare ; soit l'amour est vécu, mais au prix de la vie de Raphaël ; soit l'amour est refoulé, mais dans la douleur des amants.

RASTIGNAC

C'est l'ami de Raphaël qui présente ce dernier à la comtesse Foedora. Adepte du plaisir et de la vie oisive, il dépense l'argent qu'il n'a pas, mise son infortune au jeu et se meut avec aisance dans la haute société où il sert de guide à Raphaël.

LA COMMUNAUTÉ SCIENTIFIQUE

Naturaliste, chimiste, physicien et médecins : tous se révèlent impuissants face aux énigmes que sont la peau de chagrin et la maladie de son propriétaire. Représentants de la science et du progrès, ils défilent telle une bande de charlatans, émettant tous des avis différents et contradictoires à propos des manifestations mystérieuses dont ils sont les témoins. Ils acceptent difficilement d'avouer qu'ils n'ont pas de réponse.

CLÉS DE LECTURE

UN ROMAN RÉALISTE, FANTASTIQUE ET PHILOSOPHIQUE

Le réalisme

La Peau de chagrin est avant tout un roman réaliste. Pour rappel, le réalisme est un courant littéraire et artistique qui a vu le jour au milieu du XIXe siècle et dont Balzac fut le chef de file. Ce mouvement se caractérise par le désir d'imitation du réel : il s'agit, pour les écrivains, d'être le plus objectif possible. Ils ne cherchent plus, dès lors, à idéaliser ce qu'ils décrivent, mais à décrire le réel tel qu'il est.

Dans *La Peau de chagrin*, on constate en effet que l'auteur dépeint la société de son époque, ainsi que le contexte de la restauration de la monarchie en France (1814-1830). Il présente la vie de ses contemporains en abordant toutes les classes sociales – des plus nanties aux plus défavorisées – sans idéalisme, mais avec nuance et objectivité.

Du point de vue stylistique, le réalisme se retrouve dans la multiplicité de petits détails permettant la vraisemblance du récit. Balzac excelle dans les longues énumérations et dans les descriptions minutieuses. Ainsi, dans *La Peau de chagrin*, l'auteur décrit à grand renfort d'adverbes, d'adjectifs et de métaphores les merveilles et les bibelots que recèle le cabinet d'antiquités sur plusieurs pages.

Ces descriptions permettent au lecteur de ressentir pleinement l'atmosphère et les décors dans lesquels évoluent les personnages.

Le fantastique

Mais cette œuvre balzacienne est également un roman fantastique car elle introduit dans un monde réaliste un élément surnaturel : la peau de chagrin. Raphaël de Valentin est au début de l'histoire confronté aux aléas d'une vie de misère : il est incapable de réaliser ses ambitions d'écrivain ou d'homme de la haute société et il est malheureux, tant au jeu qu'en amour. Mais son univers bascule avec l'apparition de la peau de chagrin, objet doté d'un pouvoir singulier et indéfinissable de manière rationnelle. Cette peau est un objet fantastique, mais elle ne présente pas de propriétés magiques. Aussi le fantastique vient-il de la société elle-même : à partir du moment où Raphaël détient la peau de chagrin, son quotidien devient exceptionnel et la réalité un cauchemar.

Le caractère fantastique s'assortit d'une atmosphère d'angoisse qui croît tout au long du récit : l'apparition de la peau de chagrin a lieu le soir ; le personnage anonyme projette de se suicider ; l'antiquaire surgit comme une apparition surnaturelle, etc. La troisième partie du récit (*L'Agonie*) reflète également l'angoisse extrême du personnage, qui tente désespérément de contrer le sort jusqu'au dénouement tragique.

Les réflexions philosophiques

Enfin, *La Peau de chagrin* s'apparente au roman philosophique car le récit développe une réflexion à propos du sens de la vie. Est-il nécessaire d'assouvir tous ses désirs pour être heureux ou vaut-il mieux apprendre à gérer les frustrations inévitables ? Est-ce vraiment vivre que de se protéger sans cesse des plaisirs et de ne jamais prendre de risque par peur d'avoir mal ou de mourir ? Vaut-il mieux vivre vieux, mais sans plaisir, ou exister intensément en s'épuisant rapidement ? Tout être doit affronter ces dilemmes philosophiques.

Aussi Balzac nous montre-t-il une société où priment l'instinct de conservation, la froideur, l'égoïsme et le règne de l'argent. Foedora, par son caractère de « femme sans cœur » en est une parfaite illustration. Dès lors, par l'intermédiaire de Raphaël, qui est vaincu par son désir, on peut penser que Balzac veut montrer que c'est en risquant sa vie que l'homme est véritablement humain : pour vivre de manière authentique, l'homme doit prendre des risques et assumer ses désirs. Cependant, les interprétations de l'œuvre foisonnent et le sens ultime du roman reste sujet à questionnements : Balzac glorifie-t-il la présence de passions en l'homme ou, au contraire, dénonce-t-il les ravages du désir chez l'humain ?

LES THÉMATIQUES DU LUXE, DES APPARENCES ET DU JEU

Le roman oppose constamment les affres de la misère à la belle vie oisive de la riche société. La richesse et le pouvoir sont présentés à la fois comme un but, presque comme une nécessité, mais aussi comme une illusion. En effet, ce qui brille attire la convoitise, mais ne rend pas heureux pour autant :

- Foedora, très riche, suscite le désir des hommes qui la côtoient, mais elle n'est capable d'aucun sentiment et ne leur offre que désarroi et souffrance ;
- la peau de chagrin comble Raphaël dans un premier temps puisqu'elle lui permet de satisfaire ses besoins et de devenir riche, mais, par la suite, elle le plonge dans une angoisse grandissante, à tel point qu'il s'efforce de ne plus rien souhaiter pour préserver sa vie. Pour ne pas mourir, Raphaël se prive de tout plaisir ;
- la richesse de Pauline la rend plus désirable aux yeux de Raphaël, mais cet amour le conduit à sa perte.

Le jeu est également présent dès le départ et se présente sous différentes formes :

- jeu d'argent : le début du roman se déroule dans un tripot, Raphaël raconte une anecdote sur sa première expérience du jeu, Rastignac propose à Raphaël d'aller jouer lorsque celui-ci se retrouve ruiné ;
- jeu de l'amour : entre Foedora et ses courtisans, notamment.

Mais, dans tous les cas, le jeu ne mène qu'à la souffrance et à la déchéance. Le destin de Raphaël est d'ailleurs présagé dès les premières pages par le biais du vieillard : « C'était le JEU incarné [...]. L'inconnu n'écouta pas ce conseil vivant, placé là sans doute par la Providence [...]. » (p. 23)

PISTES DE RÉFLEXION

QUELQUES QUESTIONS POUR APPROFONDIR SA RÉFLEXION…

- En quoi *La Peau de chagrin* peut-elle être qualifiée de roman fantastique ?
- *La Peau de chagrin* est parfois qualifiée de conte philosophique ? Qu'en pensez-vous ?
- Que pouvez-vous dire de la place que Balzac accorde à la volonté humaine ? Développez et argumentez en vous basant sur l'exemple de Raphaël.
- Dans la troisième partie du roman, Raphaël tente de se prémunir de tout désir afin de retarder la mort. Selon vous, peut-on vivre pleinement sans prendre de risques ?
- Décrivez et comparez l'attitude de Raphaël de Valentin avec celle d'Eugène de Rastignac face à la misère et au luxe.
- Le jeu est l'un des thèmes principaux de ce texte. Comment est-il évoqué dans le récit et quelle est l'attitude de Raphaël face aux jeux d'argent et aux jeux de l'amour ?
- Deux figures féminines (Foedora et Pauline) s'opposent dans le roman. Quelles valeurs (positives ou négatives) symbolisent-elles ?
- Comment la science est-elle évoquée dans le roman ? Selon vous, la science et le progrès sont-ils à même de répondre aux questions existentielles de l'homme ?

- Expliquez pourquoi les trois parties du roman sont successivement intitulées *Le Talisman*, *La Femme sans cœur* et *L'Agonie*.
- Selon vous, est-il nécessaire d'assouvir tous ses désirs pour être heureux ou vaut-il mieux apprendre à gérer les frustrations inévitables ? Argumentez.

POUR ALLER PLUS LOIN

ÉDITION DE RÉFÉRENCE

- Balzac H. de, *La Peau de chagrin*, Paris, Gallimard, coll. « Folio classique », 2007.

SUR LEPETITLITTÉRAIRE.FR

- Fiche de lecture sur *Eugénie Grandet* d'Honoré de Balzac
- Fiche de lecture sur *Ferragus* d'Honoré de Balzac
- Fiche de lecture sur les *Illusions perdues* d'Honoré de Balzac
- Fiche de lecture sur *L'Élixir de longue vie* d'Honoré de Balzac
- Fiche de lecture sur *La Cousine Bette* d'Honoré de Balzac
- Fiche de lecture sur *La Duchesse de Langeais* d'Honoré de Balzac
- Fiche de lecture sur *La Femme de trente ans* d'Honoré de Balzac
- Fiche de lecture sur *La Fille aux yeux d'or* d'Honoré de Balzac
- Fiche de lecture sur *Le Bal de Sceaux* d'Honoré de Balzac
- Fiche de lecture sur *Le Chef-d'œuvre inconnu* d'Honoré de Balzac
- Fiche de lecture sur *Le Colonel Chabert* d'Honoré de Balzac

- Fiche de lecture sur *Le Lys dans la vallée* d'Honoré de Balzac
- Fiche de lecture sur *Le Père Goriot* d'Honoré de Balzac
- Fiche de lecture sur *Les Chouans* d'Honoré de Balzac
- Fiche de lecture sur *Sarrasine* d'Honoré de Balzac

Retrouvez notre offre complète sur lePetitLittéraire.fr

- des fiches de lectures
- des commentaires littéraires
- des questionnaires de lecture
- des résumés

ANOUILH
- Antigone

AUSTEN
- Orgueil et Préjugés

BALZAC
- Eugénie Grandet
- Le Père Goriot
- Illusions perdues

BARJAVEL
- La Nuit des temps

BEAUMARCHAIS
- Le Mariage de Figaro

BECKETT
- En attendant Godot

BRETON
- Nadja

CAMUS
- La Peste
- Les Justes
- L'Étranger

CARRÈRE
- Limonov

CÉLINE
- Voyage au bout de la nuit

CERVANTÈS
- Don Quichotte de la Manche

CHATEAUBRIAND
- Mémoires d'outre-tombe

CHODERLOS DE LACLOS
- Les Liaisons dangereuses

CHRÉTIEN DE TROYES
- Yvain ou le Chevalier au lion

CHRISTIE
- Dix Petits Nègres

CLAUDEL
- La Petite Fille de Monsieur Linh
- Le Rapport de Brodeck

COELHO
- L'Alchimiste

CONAN DOYLE
- Le Chien des Baskerville

DAI SIJIE
- Balzac et la Petite Tailleuse chinoise

DE GAULLE
- Mémoires de guerre III. Le Salut. 1944-1946

DE VIGAN
- No et moi

DICKER
- La Vérité sur l'affaire Harry Quebert

DIDEROT
- Supplément au Voyage de Bougainville

DUMAS
- Les Trois Mousquetaires

ÉNARD
- Parlez-leur de batailles, de rois et d'éléphants

FERRARI
- Le Sermon sur la chute de Rome

FLAUBERT
- Madame Bovary

FRANK
- Journal d'Anne Frank

FRED VARGAS
- Pars vite et reviens tard

GARY
- La Vie devant soi

GAUDÉ
- La Mort du roi Tsongor
- Le Soleil des Scorta

GAUTIER
- La Morte amoureuse
- Le Capitaine Fracasse

GAVALDA
- 35 kilos d'espoir

GIDE
- Les Faux-Monnayeurs

GIONO
- Le Grand Troupeau
- Le Hussard sur le toit

GIRAUDOUX
- La guerre de Troie n'aura pas lieu

GOLDING
- Sa Majesté des Mouches

GRIMBERT
- Un secret

HEMINGWAY
- Le Vieil Homme et la Mer

HESSEL
- Indignez-vous !

HOMÈRE
- L'Odyssée

HUGO
- Le Dernier Jour d'un condamné
- Les Misérables
- Notre-Dame de Paris

HUXLEY
- Le Meilleur des mondes

IONESCO
- Rhinocéros
- La Cantatrice chauve

JARY
- Ubu roi

JENNI
- L'Art français de la guerre

JOFFO
- Un sac de billes

KAFKA
- La Métamorphose

KEROUAC
- Sur la route

KESSEL
- Le Lion

LARSSON
- Millenium I. Les hommes qui n'aimaient pas les femmes

LE CLÉZIO
- Mondo

LEVI
- Si c'est un homme

LEVY
- Et si c'était vrai...

MAALOUF
- Léon l'Africain

MALRAUX
- La Condition humaine

MARIVAUX
- La Double Inconstance
- Le Jeu de l'amour et du hasard

MARTINEZ
- Du domaine des murmures

MAUPASSANT
- Boule de suif
- Le Horla
- Une vie

MAURIAC
- Le Nœud de vipères

MAURIAC
- Le Sagouin

MÉRIMÉE
- Tamango
- Colomba

MERLE
- La mort est mon métier

MOLIÈRE
- Le Misanthrope
- L'Avare
- Le Bourgeois gentilhomme

MONTAIGNE
- Essais

MORPURGO
- Le Roi Arthur

MUSSET
- Lorenzaccio

MUSSO
- Que serais-je sans toi ?

NOTHOMB
- Stupeur et Tremblements

ORWELL
- La Ferme des animaux
- 1984

PAGNOL
- La Gloire de mon père

PANCOL
- Les Yeux jaunes des crocodiles

PASCAL
- Pensées

PENNAC
- Au bonheur des ogres

POE
- La Chute de la maison Usher

PROUST
- Du côté de chez Swann

QUENEAU
- Zazie dans le métro

QUIGNARD
- Tous les matins du monde

RABELAIS
- Gargantua

RACINE
- Andromaque
- Britannicus
- Phèdre

ROUSSEAU
- Confessions

ROSTAND
- Cyrano de Bergerac

ROWLING
- Harry Potter à l'école des sorciers

SAINT-EXUPÉRY
- Le Petit Prince
- Vol de nuit

SARTRE
- Huis clos
- La Nausée
- Les Mouches

SCHLINK
- Le Liseur

SCHMITT
- La Part de l'autre
- Oscar et la Dame rose

SEPULVEDA
- Le Vieux qui lisait des romans d'amour

SHAKESPEARE
- Roméo et Juliette

SIMENON
- Le Chien jaune

STEEMAN
- L'Assassin habite au 21

STEINBECK
- Des souris et des hommes

STENDHAL
- Le Rouge et le Noir

STEVENSON
- L'Île au trésor

SÜSKIND
- Le Parfum

TOLSTOÏ
- Anna Karénine

TOURNIER
- Vendredi ou la Vie sauvage

TOUSSAINT
- Fuir

UHLMAN
- L'Ami retrouvé

VERNE
- Le Tour du monde en 80 jours
- Vingt mille lieues sous les mers
- Voyage au centre de la terre

VIAN
- L'Écume des jours

VOLTAIRE
- Candide

WELLS
- La Guerre des mondes

YOURCENAR
- Mémoires d'Hadrien

ZOLA
- Au bonheur des dames
- L'Assommoir
- Germinal

ZWEIG
- Le Joueur d'échecs

Et beaucoup d'autres sur lePetitLittéraire.fr

© **LePetitLittéraire.fr, 2013. Tous droits réservés.**

www.lepetitlitteraire.fr

ISBN version imprimée : 978-2-8062-1302-0
ISBN version numérique : 978-2-8062-1796-7
Dépôt légal : D/2013/12.603/168